坂本憲彦の創業者倫理塾

今日からはじめる！　１００年企業創り

ゼロから２００名の専門家集団を作り上げた
総合経営コンルティング会社の創業者「藤間秋男」が語る！

藤間　秋男　著
坂本　憲彦　著
万代宝書房　編

万代宝書房

万人の知恵 CHANNEL

富は一生の宝、知恵は万代の宝

坂本憲彦の創業者倫理塾

今日からはじめる！
１００年企業創り

ゼロから２０００名の専門家集団を作り上げた
総合経営コンルティング会社の創業者「藤間秋男」が語る！

はじめに

「あなたの会社は100年後も続いていますか？」

この質問に迷いなく答えられる起業家・経営者は、そう多くはないでしょう。

今、日本や世界は大きな変化の時代に入りました。これまで以上に、企業を存続させていくことが大変な時代になってきました。

そこで、今回の創業者倫理塾では「今日からはじまる！100年企業創り」というテーマで、お話させていただければと思います。

ゲスト講師としてお話いただくのは、TOMAコンサルタンツグループの会長である「藤間秋男」氏です。藤間会長は、司法書士事務所を営んでいたおじい様の「資格者を集めたワンストップグループをつくる」という夢を実現するために会計士となりました。机一つから開業し、当初10年間は、努力の甲斐もあり順調に成長していきました。ただ、10年目を超えたあたりから、社員の気持ちが離れ、幹部が一斉に辞めるということも経験されました。

理念に共感し、理念に基づき行動する。そんな苦難の中、「明るく・楽しく・元気・前向き」という経営理念を確立し、社員みんなが理念に共感し、理念に基づき行動する会社を作っていきました。その結果、37年間で1000社以上のクライアント持つ総合経営コンサルティング会社に成長することができました。２００名の専門家を持つ日本でも有数のコンサルティング会社です。

そんなＴＯＭＡコンサルタンツグループも2年前に事業承継を行い、現在は2代目親族外の市原社長を中心とした経営チームで運営を行なっています。

藤間会長は、これまで税務業務を中心に、事業承継、経営戦略、人事労務、ヘルスケアなど、企業のさまざまな問題解決を支援してきました。そんな藤間会長が１００年後も続く企業を創るために、何が大切なのかを今回、お話いただきました。

変化の大きい時代だからこそ、１００年後を見据えた経営を行っていくことができる経営者が生き残っていきます。ぜひ、今回のお話を、あなたの経営に活かしてください。

（収録：二〇二〇年六月五日）

二〇二〇年一一月吉日　坂本憲彦

第一話　祖父の夢を継いで、ゼロから２００名の会社を創る

130年続く藤間司法書士事務所。創業当初は曽祖父の優れた才能により、代書屋からスタート。多くの大企業の信頼を得て日本一の司法書士事務所に。祖父が掲げた「ワンストップ」経営の実現のために、藤間氏は「司法書士」ではなく「会計士」を志す。父が営む司法書士事務所の机を借りて藤間氏はどのように、会計士として新規創業に挑んだのか?

1、資格者を集めたグループを作るという祖父の夢から会計士の道へ

釣部：皆さん、こんばんは。『創業者倫理塾』の時間になりました。今日はゲストにＴＯＭＡコンサルタンツグループ、代表取締役会長、藤間秋男会長に来ていただいております。どうぞよろしくお願いいたします。

藤間：はい。よろしくお願いします。

釣部：まず簡単な自己紹介からお願いします。

藤間：**人生理念と経営理念が「明るく・楽しく・元気・前向き」**。昭和27年生まれ67歳でございます。会社を創業して全くゼロでスタートして、今２００名までできました、37年間で。一昨年親族外の人間に社長を譲って大変幸せでございまして、最近は東京駅の北口に広告を出しまして…。

釣部：大きいやつですか？

藤間：大きいやつです。世の中の社長に「譲っていいぞ！」っていうこと。ただし、

良い後継者に継がないとだめなので、私は今の後継者に、実際にはいろいろ文句はあります。昨日もいろいろと文句を言いました。だけど、最後は君が決めろよということで全部彼に任せていますので、そういう意味ではお互いに信頼感を持っています。私は直情型なのですが、彼はじっと耐えていろんな人から話を聞くタイプですから、今の時代には彼のほうが合っていると思うし、今の役員はみんな彼に付いています。私には一切付いてない（笑）。いいパターンかなと思っております。「明るく・楽しく・元気、前向き」これが売り物の藤間でございます。よろしくお願いします。

釣部：では、坂本さん、お願いいたします。

坂本：はい。立志財団の坂本と申します。この創業者倫理塾を一緒にさせていただいていますけれども、私も起業家の育成という形でさせていただいていまして、今日は藤間会長のゼロから会社を立ち上げられたというところと、さらにそ

東京駅に出された広告

こから自分の血族じゃない方に事業を承継していったという、そういうところを悩んでいらっしゃる経営者の方も多いのではないかと思うので、そういうところの秘訣も含めていろいろお話聞けたらと思います。よろしくお願いいたします。

藤間：悩んでいる方、お任せください。

釣部：まず、最初に創業期の話を聞きたいのですが、どのようなところからつくっていったのかというのをお願いいたします。

藤間：はい。藤間グループは実は**130年続いているグループ**です。明治23年に私の曽祖父が東京駅、今は東京駅ですが明治時代は東京駅がなく、ここに警察署と刑務所と裁判所と役所がありました。そこで字が書けない人の代書屋を始めたのが祖父で

初代　藤間秀孝

藤間ひさ（秀孝の妻）

す。

　それが司法書士という仕事にどんどん変わっていって、祖父にはすごい商才があって、そういう意味では非常に伸ばしたわけです。タイプライターを初めて入れたり、登記茶屋といって、登記している間、約1時間で昔はできたんですけど待っている間に酒を出したり、出前を取って食べさしたり飲ませたりして、登記茶屋というので流行り、大変大きな企業からいろいろとご注文をいただき、本当に日本一の司法書士事務所をやっていました。

第２代　藤間楠一

　その時祖父が、子供達に「うちには司法書士しかいないのか」と。「弁護士とか、会計士はいないのか」と。その当時多分、祖父は資格者を集めたワンストップのグループをつくりたいという思いがあったのではないでしょうか。
　ところが、父親は末っ子でしたから、本来はそれをしていかなければいけないんですが、上のお兄さんがみんな戦争に出てって、父親だけは戦争に行かない学生最後の年だった。それで終戦だったので、父親は大学に行き司法書士を継ぎ藤間司法書士事務所を守った人間なのです。そういうことで4代目の父親が所長なので、私も司法書士事務所を継ごうとお気楽に考えていたわけです。

そうしたら、父親から大学3年の時に「お前、会計士やれ！」と言われて、私は従順というか、あまりこれからのことを考えていなかったので、「はい。分かりました、はい、喜んで！」と会計士を目指したわけです。ところが会計士になるには、偉い難しい試験がまっているということを後で聞いて、本当にびっくりしました。

釣部：当時の弁護士とか会計士ってすごく難しかったですか？

藤間：私が受かったときは**史上2番目に低い合格率**でした。

釣部：何%？　3%とか？

藤間：いえいえ、5%でした。やるだけの勉強はしましたが、とにかく試験はできなかったんです。それで奇跡的

第3代　藤間秀夫

に合格し、受験学校に行って先生に報告したら先生の一言は、よくやったなではなく「なんで君のようなやつが受かるんだ！？」って竹刀で叩かれました。

一同：えー！

藤間：いや、そうなんです。だって先生からすれば、私は100人中90番目くらいで。ところが、20番とか、30番の人がことごとく落ちちたわけです。先生としてはショックですよね。このショックの中で、私が「先生、受かりました！」って言ったら、怒るよね、やっぱり。

そのぐらいまぐれで受かったんです。それで監査法人に入ったんです。監査法人に就職したんですが、今と違って会社に対して弱いんです、会計士が。会社に対してすごく弱い。弱腰。今はもう強いです。自分たちが潰れちゃうんですから。

釣部：では昔は、会社のほうが粉飾とは言いませんが、こういうのやれと言ったら…。

藤間：いやいや。そこまではないけれども、ある程度弱腰だったというのはあります。今は毅然たる態度でやらないと、監督も厳しいですので。そういう意味ではそういう時代であって、なんか言っても個室に入れられて、お前らここで黙ってろみたいな、そういう感じだったんです。
私も父親のところを継ぐ気持ちもあったので、**30歳の時に独立**をしました。

2、たった一つの机から会計事務所を創業

釣部：独立というのは入ったわけではなく、独立？

藤間：そうです。事務所は父親の事務所。30人ぐらいの事務所に入って、父親の隣の席に座って、秘書の人は兼用です。電話が鳴ると秘書の人に出てもらって、一人だけでスタートをしました。

釣部：では、本当に机一個で？

藤間：机一個です。多分、司法書士のほうの社員は、何が来たのかな？という感じだったと思いますが、ゼロでスタートをしました。1年間全く仕事ありませんでした。それで、父親の関係の仕事先にＤＭ（ダイレクトメール）を打ちました。もう、これが唯一の期待でした。

本当に大きな会社をいっぱい持っていましたから、全部に送りました。返事は1件もなかったです。そんなものです。それで1件目に返ってきたのは家内の実家の叔父からです。叔父が会社の土地を売って、買い替えをして、事業をやるのにそういう仕事があって、それで仕事をいただいて….。

2件目はやっぱり司法書士事務所のお客さんというよりは、司法書士事務所が昔あったところの1階にいた広告宣伝の会社で、代替わりなので君に頼むよと頼まれて、今でも両方ともお客さんですけど、そういうことで2件、3件と。

とにかくいろんな会社に伺っていろんな営業をして、例えば一番すごかったのは10回伺いました。

釣部：どういうふうに営業されるのですか？

藤間：縁があって、なんかで。

釣部：知り合いになって？

藤間：知り合いになって、ちょっと、相談に乗ってくれる？ みたいなことで言われて、10回行きました。そうしたら、最後お金貸してくれっていう。この顔がお金持ちのようにみえたらしく、「私そういう関係ではないので…」と断って、それ以来連絡こなくなりました。

初めからお金を貸りる目的だったんでしょう。そのぐらいしないとお客さんって取れないんだなと思って、自分としては**新しいお客さんを取る**ということをとにかくやりました。

そういう意味では、事務所通信を発行し、DMで送付した時は、それを見たお客さんから顧問税理士に、こういうのが来たよって渡ったら税理士会に呼び出されて、いろいろと聞かれました。

今は会計事務所のDMも普通になりましたが、その当時はそんな時代でした。まあ、関係なく送っていましたけど…。

たまたま独立した時に、いろんな制度が変わって、まず**相続の自社株の制度が変わったん**です。私は監査法人にいたので相続の勉強はしたことがなく、会計士として、法人税の勉強はしたんだけど、相続税という科目の試験はないんです。ですから、そういう意味では相続って初めて。ですが、そこで事業承継の制度が変わったので、一生懸命勉強して仲間で本を出した。その本を持って、いろんなところに営業して、講演をしまくった。

私、講演を1800回ぐらいやっているんですが、そのうち1500回は相続や事業承継の講演が多い。最近にわか相続をやっている税理士はいっぱいいますが、私はもう35年間ぐらいずっとそればっかりやっていたんです。

それからもうひとつは医療法人。今までは医師が3人いないとできなかった医療法人が、1人でもできる1人医療法人というのができて、これもお医者さんのお客様が1件もなくて本を書いて私は医療の専門家ですっていって、全くお客さんいないのに、そこでいろんなセミナーをしたり、いろんな営業をしたわけです。

3、1800回の講演を行い、総合経営コンサルティング会社へ

釣部：その医療コンサルをやろうと思ったのは、法律が変わって、いけるぞと思って？

藤間：そうです。なので医療をやりたいわけではないんです。**仕事をとにかく拡大したい**。そのときはたぶん社員1人か2人です。そのときにやっぱり司法書士が30人ぐらいいる、とにかく始めたらこの司法書士ぐらいにはなりたいなというのがあって、とにかく**貪欲に営業し、貪欲にいろんなことをやった**。

釣部：医療コンサル経験者がいないぞと。俺もできないぞ。だけど、勉強すればでき

るぞといって、最初に本書いちゃった？

藤間：そうです。本書いてそれを基に仕事をずっとしていったんです。それからもう一つ、**経営計画**っていうのがありまして、これも経営計画の機械を買うのに１０００万円ぐらいかかるんです。その当時の１０００万円だからとんでもない値段でしたが、それもローンでとにかく買いまして、経営計画をバーンとやったんです。

これもいろんな意味ではじめは、でうまくはいかなかったんですが、結果今ＴＯＭＡは**戦略税務コンサル**という事業承継の部隊があり、それから**資産税部**という部隊があります。それから医療は**ヘルスケア**という部隊があります。それから今言った経営計画を立てる**コンサル部**があります。それから今一番うちで売り物なのが、**人事コンサル部**という部隊です。このような専門部隊は他の会計事務所ではあんまりないわけです。私の場合、30年前からお客さんへの指導の基本は、**一番上に経営があるん**です。税金ではないんです。

経営があって、その下に税金があったり、経営計画があったり、業種別があったりと思って、人事のコンサルタントの部隊の会社をつくったのです。10年間ずっと赤字で、とにかくみんなから止めたほうがいいのではないですか？　と言われたんです。それをずっとやっていって、今はうちの稼ぎ頭です。

秋男、相続講演会（1990）

第二話　ＴＯＭＡはどのように経営危機を乗り越えたのか？

会計事務所を設立後、貪欲に事業展開を行なったものの、ある時期に一斉に多くの幹部社員が離れてしまう。そんな時、自身が掲げる経営理念をどのように変化させたのか？　事業に対する熱いプライドが、社員を不幸にさせないために、藤間氏ご自身がどんな人と出会い、その言葉でどのように変わっていったか努力秘話を聴きました。

1、専門家集団が企業の困りごとをワンストップで解決

藤間：今ＴＯＭＡに人事コンサルの部隊になくてはならない存在で麻生というすごくいいリーダーが伸ばしてくれた。

私はとにかく人事コンサルの部隊をつくりたかったのに、以前いた社労士は「社会保険が計算したい」と…。申し訳ないが、私は「社会保険は後だ、今、必要なのは人事のコンサルだ！」と言って、人事コンサルをやっていた人間を雇ったんです。

やっぱり社労士とはそういう世界なので、ちょっとがっくりきてた。人事どんどんやってそれで、コンサルの部隊、それから社労士の部隊も両方やって、今は働き方改革、それからWithコロナで各種人事施策に見直しが必要。本当になくてはならない部隊です。これも30年前につくったものが、十何年間赤字で、やっと花開いたということです。

釣部：人事コンサルというのは、どのようなことを？

藤間：「ヒト」に関するあらゆること、人事評価制度や、就業規則作成、労使トラブル・解決支援などですかね。

釣部：キャリアステージの制度設計というか。

藤間：そうです。そうしてどうやって昇給していくか、昇格していくかということ。中小企業は実は人事部というのがなく、総務部が人事をやるんです。なので給与計算もやるし、そういうのもやる。それがなかなかできないので、我々が人事部長としてお手伝いします。

その後、実際に給与計算や、社会保険の業務をしているんです。ですから、**今は2つの部に分かれて、ひとつは人事コンサル部、ひとつは人事労務支援部**ということでやらせていただいています。

坂本：いろんな事業をしていますが、事業をやっていく上で選ぶポイントなどはありますか？

藤間：それはやっぱり、**基本的に企業のお困り事**。なのでうちでは、マーケティングや生産管理、そういうのはできていません。これは私がもう会長になっていますから、次の社長がやるかどうかということです。

1000社ぐらいのお客様があるので、その1000社のお客様に対してマーケティングや生産管理をやるかどうかは、**今の社長がどう考えるか**だと思います。そうして仕事を取るとお互いに紹介し合えるわけです。

坂本：会社の中で紹介？

藤間：**会社の中で紹介し合える。**それはやっぱりうちのすごい良さだと思います。そういうのがすごくあります。

釣部：お客さんはどこかひとつと契約すると、「こういうのも実は困っているんだよね」となった時、「うちのこの部、サポートできますよ」という形で？

藤間：はい。うちは、**税理士・会計士・社会保険労務士・行政書士・司法書士・中小企業診断士・各種コンサルタントというワンストップでできる。**よく「税理士として相談に乗りますが、社労士はうちやっていないのでどこか行って」…のようなムダがない。すべてワンストップでできる。これがやっぱり私どもの強みだと思います。

　最近やっぱり我々の同業もそういうのをやり出していますが、「明るく・楽しく・元気・前向き」という共通理念で、同じビジョン、**「日本一多くの100年企業をつくる」というビジョン**を年中唱和しながら、お互いにその確認をし合って、同じテーブルで同じフロアでやっているわけですので、やっぱり他とは違うと思います。

今回コロナで、Zoomで朝礼、Zoomで役員会、Zoomで各部の会議、Zoomでボーナス査定の会議をやったりするわけですが、**全部冒頭で経営理念の唱和とビジョンの唱和をやるん**です。これが私は涙が出るぐらい嬉しい。

後でも話しますが、**後継者を選ぶ基準は、この理念を大切にしてくれる人**だと思ってやっています。今までの役員会などは構成メンバーが交代で理念の唱和の冒頭をやっていたんですが、今は社長が冒頭の読みをやって、その後みんなで唱和するようになっていて、すごいなというふうに思います。

坂本：それだけのいろんな士業の方をまとめる上で理念ってすごく大事。

藤間：そうです。理念が重要です。

2、幹部が一斉に辞めた10年目の経営の壁

坂本：どういうきっかけで理念経営を始められたのですか？

藤間：うちも順風満帆ではなく、初めの10年は40人ぐらいバッといき、途中でうち

の親父を規模的には越したわけです。そのとき「越した！」と思ったのですが、実は越していなかったのです。収益体質が全然違うし財務体質が全然違ったので。

40人ぐらいのときはボーナスを出す為に借金をして、例えば12月に借金をしてボーナスを払って、残りの1・2・3・4・5・6月で借金を返すという段取りだった。それを言うと親父に、「お前、ボーナスを借金して出すのか？」と言われて。やっぱり全然体質が違うわけです。

そんなことで40名まできたわけです。そうしたら伸びなくなった。初めの10年はバッと伸びたんです。10年で40名ですからかなりの規模です。その後伸びが止まっちゃったの。**止まったのは幹部が辞め出したから**です。

それでも人数はそんなに減らない。それは新入社員を入れるから。**幹部が減って新入社員が増えたという一番ヤバいパターン**だったんです。

坂本：人があまり残らなかった？

藤間：そう。それが続いて。それで勉強しだしたんです、一生懸命。いろんな勉強をしました。いろんなところに行きました。青年会議所にハマって、やっていました。ある意味、青年会議所をやっているときは伸びていたんですが、青年会議所を40才で卒業して、100％時間を会社に使えるようになったら辞めだしたんです、みんな。

釣部：何か理由がある？

藤間：ある。一時期、副所長と部長と次長と課長が一斉に辞めたの。一斉にと言うよりは、うちは9月が年度終わりで、10月から新しくなる。役職の者はみんな、途中で辞めないで9月まで頑張ってから辞めていくというのが大体のルールで、そのときに一斉に辞めたわけです。まあ、本当につらい状況でした。

藁にもすがるつもりでいろんな勉強に行きまして、そのときに出会った言葉が松下幸之助の言葉です。

松下幸之助の一番弟子という木野親之先生という人がいまして。今の時期、メンターで教えていただきたいのは、木野先生だと、このあいだの『Forbes』でユニクロの柳井さんが言っていました。

このあいだ久々に先生とお電話しましたが、**先生がいなかったらTOMAはたぶん、40～50名の会計事務所で終わっていた**と思います。

それで、松下幸之助が言った言葉というのは、**「経営成功要因」は、経営理念の確立・浸透が5割。3割は社員が一人ひとりに光を当て、最大限に力をできる環境を作ること。2割は戦略や戦術、経営計画だとかそういうのを立てるときは、もう社員にやらせなさい**、というのだった。私は藁にもすがるつもりで、何でそういうことなのか分からなかったけど、僕は単純なので、思うとすぐ考えずにやっちゃうんです。今の社長と違うんです。

一同：（笑）

藤間：すぐやっちゃうんです。すぐ「理念だ！」と。日本創造教育研究所の理念勉強会に、1年半（3回）通ったんです。いろいろと勉強をした結果、「明るく・楽しく・元気・前向き」という理念です。

会社の壁にも飾っていますし、この経営計画書にも出ていますが、「**明るく・楽しく・元気・前向きなTOMAコンサルタンツグループは、本物の一流専門家集団として、社員・家族とお客様と共に成長・発展し、共に幸せになり、共に地球に貢献します**」、そういう理念をつくったのです。会社の定款にも入れています。

ただ、作った当初は『楽しく』という言葉と、『社員・家族』という言葉が入っていなかったのです。その後いろいろとやっていく中で、おかしいなと感じて、社員に説き改定しました。

これを決めたときは私が「これをしたい！」と役員たちに話し、みんなから承諾をもらって、それでやったわけなのです。そのときに社員を信じて任せるということ。あそこにいる田島は私の番頭で長く勤めていますが、彼にも昔はずっと怒鳴りまくっていた。

経営理念

TOMAの憲法・
ISO品質方針・
社員・家族が幸せになるための
具体的行動指針

『明るく・楽しく・元気に・前向き』な
TOMAコンサルタンツグループは
本物の一流専門家集団として
社員・家族とお客様と
共に　成長・発展し
共に　幸せになり
共に　地球に貢献します

Corporate Philosophy

We are cheerful, entertaining, active and positive TOMA Consultants Group.
We, as a genuine first-class professional group, will develop our business become happy and contribute to the earth together with our members, families and clients.

釣部：怒鳴るのですか？「何やっているんだ！」とか？

藤間：そうですね。あるべき姿じゃないと怒鳴っていた。昔は丸の内ではなく、東京駅八重洲口の前にあって、そこの一番奥に私の席があって、端から端まで響き渡るような声で怒鳴っていた。今の辞めた幹部にも、そういう意味では本当に申し訳なかったと思うのですが、**みんなの意見を聞かずに、自分でどんどんやっていた**ということです。

ただ、それができたから事業承継部とか経営コンサル部とかができたと私は思うのです。たぶんみんなの意見を聞いていたら、スタートも遅いし、部門別でそれぞれ任せると、そんなことができなかったのかなと思っています。

人事・労務コンサルの部隊は、皆の意見をきいていたらなくなっていたと思います。経営を学び始めてからは松下幸之助の経営理念の確立と浸透というのを徹底してやりました。会話の冒頭や、朝礼で、必ず唱和しますし。ＴＯＭＡ便りという事務所通信を、二十何年書いているのですが、そこにもＴＯＭＡの「明るく・楽しく・元気・前向き」という理念を常に伝えていて、本当にそう思うんですよ。「明るく・楽しく・元気・前向き」というのは、私の個性であり、人間が楽しく幸せになる道だと信じています。

3、「明るく・楽しく・元気・前向き」という経営理念が会社を変えた！

藤間：例えば、見た目で私を、会計士だとあてる人は誰もいません。不動産屋さんですか？と、そういう感じです。知的な職業という印象はもたれないですよね。いろんな飲み屋行くけれど、私は職業のことは全然言わない。大体不動産屋と言われるので、「そうなんだよ」と言っています。

職業にプライドはありますけど、別に言いふらすこともないし、言うと身構えられちゃうので、ほとんど言ってないです。そんな中で、何が自分にとって他の人と違う強みなのかと思ったときに、やっぱり「**明るい**」、**これは誰にも負けない**。同業の会計士、税理士にだけでなく、すべての皆様に対しても明るいです。

それから、元気。楽しいっていうのは後で入れたものですが、「**元気**」、**これも負けない。「前向き」、これも負けない**。なので、明るく・元気・前向きっていうのを入れたわけです。

途中で「**楽しい**」**を入れて、これも私は負けないぞ**と。ワクワクするぞということで、楽しいを入れたのです。あとは**本物の一流専門家集団**というのは、勉強をしている中で、やはりTOMAが志す、職域を限定しなければいけないと。限定しないとキヤバクラ経営もできちゃう。

坂本：そうですね。

藤間：本当に。キャバクラでもラーメン屋でもできてしまう、と。うちの**社員の想いは、本物の一流の専門家になりたい**なので、それと一致しているわけです。それからやはり私どもが今誇れるのは、この社員・家族とお客様というところです。

釣部：順番が違う？

藤間：はい。普通はお客様が頭にきますよね。

釣部：ですよね。お客様が一番で。

藤間：うちには人材育成理念というのがあるのですが、**「社員・家族の幸せづくり優先がお客様の幸せづくりへの近道」**で、いろいろと勉強をしてく中で伊那食品とか、いろんなところを見ると、お客様ファーストではなく、社員ファーストなのです。社員ファーストで幸せな社員が、そのお客様を幸せにするということで、私はこの人材育成理念をつくり、社員・家族とお客様というふうに入れたわけです。

　これは途中で変えたので、変えたときにさっそくお客様からクレームがありました。すぐにお電話で説明させていただきました。「うちは両方大切なのです。両方大切なのですが、どちらを大切にしたら両方喜んでもらえるかということで、こういう経営理念があって、それでこういう順序にしたんです」とお話をしました。私は電話をするときに、「そんなところだったら解約する」と言われたら、それでもいいと思った。けれど、そのお客様は「分かった。一緒なんだな。社員・家族とお客様というと、社員のほうが上のように見えた」と。そうではなくて、両方大切なのです。事務所としては両方大切ですが、まず社員に幸せになってもらえれば、幸せになった社員がお客様を大切にする。そういう思

①秋男幼少期

いでこの理念をつくったことを伝え、理解していただけました。

人財育成理念

社員・家族の幸せづくり優先が

お客様の幸せづくりへの近道

Personnel Philosophy

Placing the top priority on happiness
of our members and families is the fastest way
to make our clients happy.

ビジョン

日本一多くの100年企業を創り続け

1000年続くコンサルティングファームになります

Vision

We swear that we will be the consulting firm which survive for over millennium
and support the clients to become centurial companies.

第三話　ＴＯＭＡ流「最高の経営チームの作り方」

明治から令和の時代まで長年続いてきたが親族外承継を決意し、優れた後継者を創り出すために何を勉強し、努力したのか。経営の中で体験した東日本大震災やリーマンショック、今回のコロナショックなど非常時だからこそ、たくさんのお客様の信頼を得る倫理経営、営業努力とは。そして困難に立ち向かうためにチーム創りに力を注いだ、感動秘話とは。

1、まずは社員を幸せにしてからお客様を幸せにする

藤間：両方大切なんです。共に成長発展し、共に幸せになる。一般の経営理念で欠けるのはこれ。社員の幸せが入っていないんです、お客様ファースト、とかね。いろんな意味で理念をつくるけど、お客様のことは書いてある。ただ、会社によっては対外的な理念と、社内的な理念と分けている会社もあると聞くけど、私は嘘っぱちだと思う。

やはり外に胸張って言えるような理念をつくるべきだと思うので、私はこうやってはっきり言いました。これをつけるとき、やっぱりそういう議論はありました。けど私はそういう気持ちでやる。だからうちは今もテレワークで、3分の1ぐらいしか社員は出てきてない。今日もあるお客様で100人ぐらいの会社だけど、全員毎日出社させた、と。この時期に。そういう会社もある。

県をまたぐ支店の出張もさせてたって。やっぱりそういう会社ってあるんだなと、そういうところの社員さんはかわいそうだなと思います。やっぱり社員の幸せを考えると、コロナにうつったら大変で、うつったら会社自体が休まなきゃいけないよね。

うちは役員が当番制で出社する社員の体温チェック、それから手消毒とマスクをしているかチェックする。これも役員会で決めて、「そこまではいいんじゃないの？」

と言ったけど、「やる！」と言うわけ。で、「分かりました」と。

私もチェックの当番をやりたいと言ったら、あなたは一番危ないタイプだからだめだと。要するにもうこの歳だから。うつったら死んじゃう可能性があるから、だめだと反対されて、残念ですが任せています。うちでは今そういうことをやっています。(今は、ＡＩ顔認証によるサーマルカメラでセルフチェックに変更しています)

次に、共に地球に貢献します。これは、社会貢献ですよね。やっぱり社会貢献をどうするか。東日本大震災のときに、私が朝礼でまず言ったのは、「**お客様を潰すな**」と。

お客様の会社を潰さないように、業績アップチェックリストというツールを全お客様に配り、打つ手はまだある事を伝えました。私は率先して1週間後に石巻にヘドロかきに行って、海沿いを見て、何もなくて、船が建物の上に乗っかったりしているのを見て涙を流し、それから、被災地の退避しているところの体育館行って、いろんな物資持ってったら断られたのね。

物資がいっぱいでもう整理がつかないと、そんなことを実感しながら。うちの社員は何をやったかというと、フリーマーケット。うちの社員の不用品を集めて原宿のフリーマーケットで売った売上を寄付したり、奇跡の一本松が枯れちゃいそうということで、その寄付も社員から募って、私も出して、やれることはやってきたと思います。

なので、そういう意味で、社会貢献というのも大事。

今は、コロナ危機に向けた社会貢献というのが、なかなかできていないので、これからどうするのかなと思っています。今度役員会で「地球に貢献どうすんだ？」と私はいうつもり。

我々に関しては、お客様を潰さないということが、社会貢献だけど、それ以外に我々としてできることがないかというのは、今はまだできてないというのはあります。

2、業績悪化のときにも、幹部全員が自ら賞与削減を申し出る

釣部：バブルとかリーマン、何回か危機がありましたよね。たぶん今回のコロナでもいろいろなことが起きる。それを初めて経験する経営者というのは大変だと思うんです。ですが、これまで藤間会長はいろいろ乗り切ってきていますよね。どんな想いでどんな風に乗り切ってきたのでしょうか。

藤間：うちはおかげさまでというか、世の中にいい加減な税理士がいっぱいいるわけです。毎月の試算表を出さないとか、決算のときだけ税金の計算をして、あとはやらないとか、会社の業績に全然貢献していない税理士というのがいっぱいいるわけです。

このあいだもある方にＴＯＭＡにおほめのコメントをいただいたけど、開業の頃からうちは毎月その会社に行き、毎月社長に今月の業績と資金繰りと、それからこのままいくとこんな財務になるよと毎月説明し、それに対しての質問を受けたり、社長の夢や悩み聞くということを毎月やっているわけですね。

そういう意味では、こういう不景気なときになるとお客様が来る。いい加減なところと比べうちはしっかりやっているので、そういうところから移って来るんです。

一方でコロナ禍で、顧問料を払えないお客様が出たり顧問先の解約が増えるわけです。

だけど、うちは徹底してお客様からいろんな相談を受けていますし、それから人事労務の部隊が給付金などのアドバイスをしていますし、コンサル部が再生支援も受けています。ですから、今、困っているお客様を総合的に支援できると言う強みがあります。

それから緊急事態宣言の時にお客様へ**手紙を出しました**。ＴＯＭＡの社長と専務が相談対応しますという手紙で、社長と専務の携帯の番号を入れて送ったんです。なぜか私は入ってないんですけど…。

私が一番元気にできると思っているけど、まあ最後の砦かもしれませんし…。それか、まあお前は黙っていろということかもしれませんけど。そうやってとにかくできることをやっているのですが、これから本当にお困りになるところも増えると思うので、その辺はどうするかな。

ただし、我々も実際に今度の6月のボーナス、**役員10人は規定より下げたボーナスにしました**。これもまた、素晴らしい話で涙が出たので皆さんにお話したいです。私と代表取締役社長、それから専務、この3人が経営している、その下に各取締役が7人いて、全員で経営しています。6月のボーナスは、会長、社長、専務が50%カットその他の役員は少しの減額と社長が言ってきました

「任しているから、君の言うとおりでいいよ」と、いう話をした。そうしたら、役員会の前日に、今回のボーナスは社長と会長と専務はゼロ。それで、その他の幹部は20%カットということで、きたわけですよ。「すごいね、そこまで君たちは思うんだね」と。やっぱりそれは社内をみんなで締めなきゃいけないし、それからお客様に対してもそれは形で。社員たちもボーナスが予算いってなければ減るわけですから、だからそういう意味で、そういうことも含めてしたわけです。

そうしたら、**役員会でその他の役員から「水くさい」っていう言葉が出た**。「何であなたたちはゼロで、私たちはこのパーセンテージ?」と。涙が出ましたね、そんな言葉が出るとは。当たり前じゃないか!と言うのかと思ったら、水くさいと。

みんなに株は原価で渡していまして、私は35%で、あとは私を除く役員みんなが持株会で65%の株を持っています。

だからある意味、私はオーナーではないので、給料も上から3番目。社長が多いけどそんなに多くない。で、専務もそんなに多くない。私はその次という感じで、そうしてそういう計算をして、それを見るわけです、他の役員が。当然そう変わんないですよ、そんなに。それで、水くさいと。

結局削減額のトータルを割り算して、パーセンテージは言えないんですが、パーセンテージで一律で減額という、そういう話になりまして。やっぱり水くさいと。たぶん、私がオーナー経営で減額しようと言ったら、そんな話は嫌だと言ったと思います。

3、みんなが活躍する最高の経営チームの作り方

藤間：今はみんなの会社にしています。ドラッカーの教える「経営チーム」というのをつくりまして。とにかく経営チームでやろうと。なので、うちの社長は、とにかくみんなに意見を聞きまくります。

私が社長のときは、役員会をやると私が5割ぐらい話していました。ですが、意見は聞きます、いろいろとね。けれど、今の社長は1割か2割しか話しません。あとはすぐに結論を出さず、**みんなの意見を聞く**。

釣部：経営チームというのは役員のことですか？

藤間：役員です。要するに物事を決める役員。その役員に発言をしない人がいたら、次のときは落とします。なので、みんな発言します。

釣部：世間であるような、一応決議機関になっているけど、社長が言ったら大体それが通るというのではない？

藤間：**社長の意見も実は否決される**。役員会の憲章というのがあって、**とにかくみんな発言をする、それから人の話を折らない**。そんな憲章を会議の前に読むんです。**みんな平等**だと。それからやるんです。

だから、みんなの意見も出るし、水くさい意見も出てくるわけです。私は涙が出てくるぐらい嬉しくて。本当にこれでうちは経営チームになったなと思いました。で、この経営チームの中からの今の社長がいますけど、社長にもし何かあったら、この**経営チームの中からまた社長が出てくる**。

大会社も同じです。初め入ってきて、課長になり部長になり役員になり、それで役員会で議論して、大体この中から出てくるわけじゃないですか。けれど、日本の中小企業にはそういうのがない。そこが問題だと思うんです。

だから、そういう意味だと経営チームをつくってやるっていうのはいい。今ドラッカーの勉強をいろいろとしているけど、役員は大体５％ぐらいといわれています。うちは２００名ですから10名です。ただし、**来年度10月には２人入って、12名になった**んです。嬉しいです。

女性役員が出ました。とにかく昔から「女性を入れろ入れろ！」と言っていたけど、ひとつは女性が嫌がるんですよ。私がやっている仕事はこれで、役員になると全部のことを見なきゃいけない。それを嫌だという人が結構いる。

今度役員になった女性はそうではなくて。**ＴＯＭＡの将来を担うリーダー**です。うれしいです。そして、もうひとりは**ＩＴの部隊の専門家のリーダー**が役員になった。会議をやると必ずＩＴの問題が出るわけですが、今後はＩＴ化の議論がより活発になる。本当に意気がいい男ですし、彼が入ってくるとまた役員会が燃えると思う。

私は時々毒ガスを吐いたり、それからワクワクしようって。やっぱり役員がワクワクしてないと、社員がワクワクしないので。終わった後、「みんなワクワクするような案が出たね！」とワクワクするようなことを。ちょっとみんな斜で構えていますけどね。そんなふうにして今経営チームをつくって、非常にうまくいっていると思います。

第四話　１００年企業を創る「事業承継の秘訣」

怒らない代わりに用いる「カミナリカード」。社内人間関係でどのような役割を果たしているか？いかにしてお客様との信頼関係を築くのか藤間氏が語ります。我が子が会社を継がないことになり、Ｍ＆Ａで手放すことを検討しつつも、社員は同志！と社内で事業承継を決意。後継者の選定で最も大切と考えていること、後世へ繋ぐために、時代の変化に合わせて理念をどう変えていくべきかをご覧ください。

1、社内のコミュニケーションを円滑にする3つのカード

釣部：「カミナリカード」があると聞きました。それは具体的にはどういうものなんですか？

カミナリカード

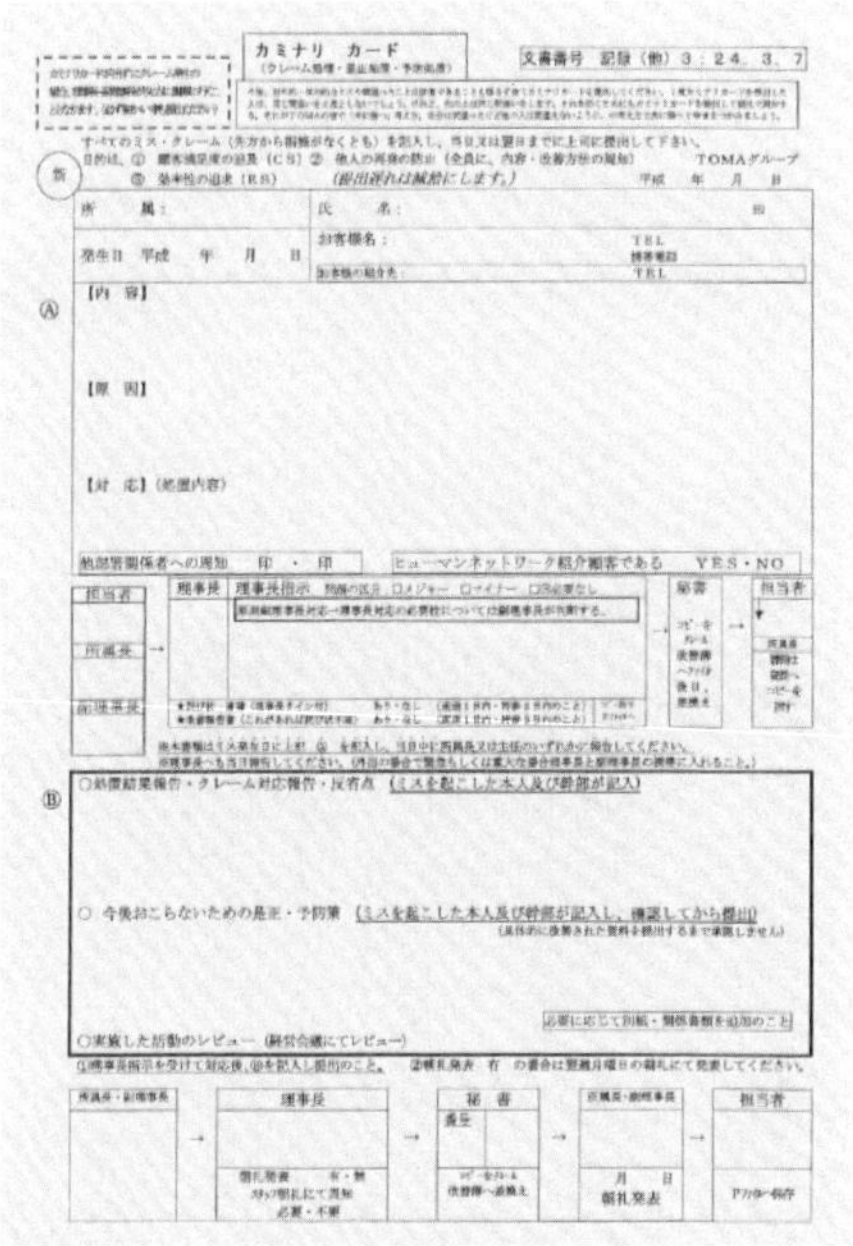

藤間：失敗は失敗ではなく、失敗は成功のもとです。エジソンさんは1万回失敗したんじゃないんです。1万回成功の道筋を探ったんです。今日も実はZoomで社員向けに理念と経営の勉強会をやったんです。

今日私は初めてでした。企画のリーダーが今日は在宅で不在で、企画の社員がセッティング

をしたんです。ですが、9時スタートなのに、9時から（Zoom が）接続できないんです。

いろいろ調節して、結局10分ぐらい遅れてやりました。それでもメンバーの顔が出てこなかったり、非常にトラブル続きだったんですが、**私はそのときに怒りませんでした**。たぶん、カミナリカードが出てくると思いますけど。それが**起こったことはしょうがない。だから、それを二度と起こらないようにしようよということ**なんです。

うちでは**カミナリカード**を出さなかったらボーナス減給という仕組みになっています。その代わりカミナリカードを出したら怒られないというルールです。怒られないというルールがあるのでみんなが出してくるんです、気軽に。

釣部：こういうミスをしましたということで？

藤間：そう。こういうミスをしましたと。そこで二度と起こらない改善案を考えさせて、それでみんなにも同じミスを繰り返す可能性があれば、上司が全社に共有します。**誰がやったかではなく、こういうことがあったからみんな気をつけようよ**と。例えば申告でもミスがあります。そうしたときに「こういうミスがあったので、みんな気をつけよう」と、みんなに話す。ところが、ミスを怒っていると次からミスを隠すようになる。

だから、そこは一切怒らない。うちは年度末、**カミナリカードを一番出した人を表彰**します。「私の代わりに怒られてくれてありがとう」と。要するにみんな同じ問題を出す可能性があるわけです。それを先に出して、みんなで注意をし合うということ。それから改善するということ。これはいい社風だと思います。

ニコニコカード

文書番号　記録（他）5：27.4.9

全ての誉められた事、やって感謝された事は、すぐ報告して下さい。

ニコニコ　カード

TOMAグループ

目的は、①　お客様の満足度の追及（CS）②　誉められた事例を聞き他社員も実践できる。（イメージアップ）
③　維持・拡大の為の手法

お客様に喜んでもらったら、新規顧問先の紹介をお願いするチャンスです。
必ず新規顧問先紹介のお願いをしましょう。

平成　年　月　日

記入者（上司・誉を聞いた同僚・本人いずれか）	所属		氏名	印
表彰者（誉該当）	所属		氏名	
発生日　平成　年　月　日	お客様名：			

○内　容

※ニコニコカード提出者には、500円の手当てが支給されます。

○所属長・上司コメント

①　本書類は発生日に記入し、翌日までに所属長又は主任のいずれかに報告してください。
②朝礼発表　有　の場合は翌週月曜日の朝礼にて発表してください。

所属長・副理事長 → 理事長（朝礼発表　有・無〔本人が出席している朝礼〕） → 秘書（コピーを取り　表彰支給担当者へ渡す。） → 所属長・副理事長（月　日　朝礼発表） → 担当者（Pファイルへ保存）

お客様に喜んで頂きました。担当者からお願いするチャンスです。
「お知り合いの社長様を紹介して下さい」と一言話して下さい。

釣部：すごいですね。

藤間：あとは、「ニコニコカード」というのがあります。お客さんがある人を褒めたときに、それを聞いてた人がニコニコカードを出して、朝礼で褒めるんです。

それから、アンケートをお客さんからと

るんですが、そこでお褒めの声をいただいた人はやはりニコニコカードを出すんです。そうやって褒めていきます。「やってみて、させてみせ褒めてやらねば人は動かじ」という山本五十六の言葉がありますが、一番重要なのが、**人は怒ってばかりではなく、褒めていかないと成長しない**、ということ。

ただ、怒るときは怒ります。カミナリカードでも**同じ間違いを2回したら怒ります**、当然。同じミスを繰り返したら怒ります。ですが、そういう社員は3回、4回やります。少し問題ですよね。あとは、「お客様カミナリカード」っていうのがあります。

釣部：お客様に怒られたという？

藤間：違う違う。それはカミナリカードで、お客様カミナリカードというのは…。

お客様カミナリカード

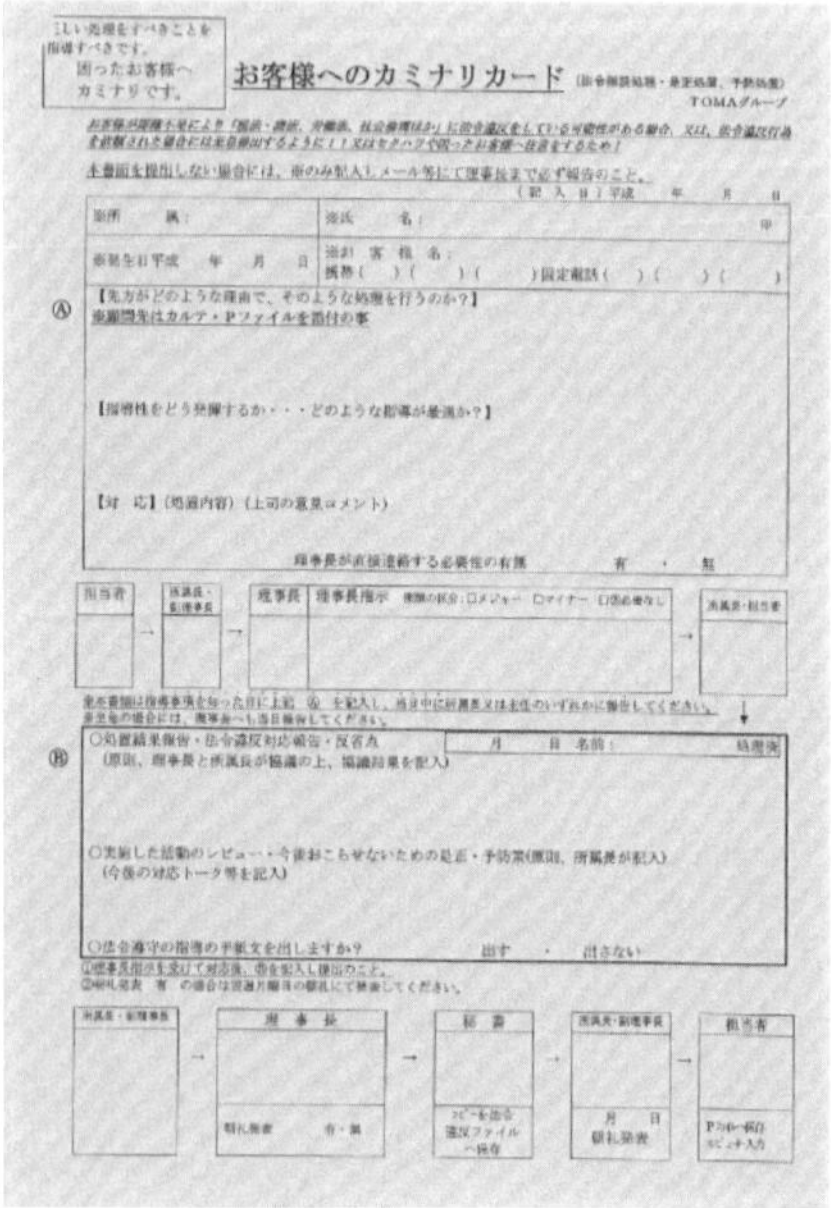

釣部：お客様を怒るやつですか？

藤間：怒るやつです。それは脱税の相談、違法行為の話など。時々、びっくりするような会社があるんです。例えば、新しく顧問になって決算組みに行ったら、「うち、すいません、決算書が3冊あるんです」と。これは銀行用、これは株主用、これは税務署用って。

だけど、**お客様を断ることってなかなか社員はできない**。なので、そういう時にお客様カミナリカードを出して上司が対応する。先方の会社が、正す気があればやります、正す気がなければ解約するということを言いに行く。

それからパワハラ、セクハラもあります。社長がお尻を触るのが好きだとか。そういう社長がいたりする。そういう場合もお客様カミナリカードが出てきます。会社は社員にそういう悩み事をさせちゃいけない。

これは社員を愛するが故に出ていることで、社員が悶々と悩むのは困っちゃいますから。それから社員を怒鳴るお客さんがいます。怒鳴りまくるお客さんがいる。それで「怒鳴られて怒鳴られてもう耐えられません」なんて意見が出ると、上司が行って「大変申し訳ないですけれど、今後も怒鳴るつもりであれば、我々のほうはもう引かせていただきます」と言います、**社員を守るということ、これが大切**です。

カミナリカードとニコニコカード、それからお客様カミナリカード、すべて社員のためですよね。社員のためが**結局はお客さんのためになる。**そういう意味でやらせていただいています。

釣部：経営理念が現場に反映されて、そのとおりやっているということですよね。

藤間：はい。そういうことです。

2、事業承継のかなめ！後継者は能力ではなく人格で選ぶ

釣部：時間もなくなってきたので、事業承継のことを訊きたいです。この小冊子や本にも何冊か書いてありましたが、M＆Aは最終手段だとか、お子さまではない、第三者でとか。今、事業承継で悩んでいる方がたくさんいらっしゃるようで、その辺についてお話いただきたいです。

藤間：M＆Aは一番簡単で、社長はお金を握り、社員は野となれ山となれですよね。こういう例がありました。ある飲食店の3、4店舗持っているところがM＆Aで売りました。3ヶ月後には店が全部変わっていました。

要するに会社が欲しいのではなく、店舗が欲しかったんです。せっかく汗水垂らしてつくったものが、変わるのっていいのか？ということです。私は子どもが「継がない」と言ったときに、選択肢はＭ＆Ａもあるなと思いました。

アメリカのビッグ４からオーダーがありました、今だから言いますが。今までそんなことを誰にも言ったことないけれども、そういう話もありました。うちは、相続の部隊が昔からあるので、そういう点が他と少し違います。

いろんな部隊があるので、そういうのを欲しいということでした。金額も聞きました。「もう、これ売ったら私もお金持ちだな〜」と思いました。けれど、お墓にお金は持っていけない。なので、やっぱり社内でと思ったわけです。

社員とは、同志じゃないですか。「その同志を売ってどうするんだ！」と思って、それは断ち切りました。それで、２年ぐらい前に今の社長に「継いでくれ」と突然呼んで言いました。その当時は役員は５人でした。その中で彼は副理事長って役割だったんですね。

その中の１人に決めて呼んで、そうすると彼が「ちょっと１日考えさせてください」と言うわけ。その後帰って奥さんと話をした。その奥さんというのは、実は私の秘書。秘書を奪った憎いやつです、今の社長は！

けどいい人で、本当に憎めない人、大好きだけど。彼に言って、たぶん奥さんと話し合いをして、「やったら。いい会社よ」と彼女は言ったのではないかと思う。それで次の日受けてくれました。
どうして市原に決めたかというと、後継者に関する**自己申告書みたいの書いてもらった**んです。市原社長に譲る3年前に、「将来の後継者誰なんだ？　誰がいいんだ？」と。10年後は私リーダーやるよみたいな、いろんなアンケートをとったの。

釣部：役員全員に？

藤間：役員だけでなく社員全員、パートにも。

釣部：社員全員にですか⁉

藤間：社員全員に。パートにも。そのときは120名ぐらいだったんじゃないかな。社員全員にとって、投票箱に入れてもらって、私がそれを一つずつ見て、それで「この人はどうなんだ？」とか、候補がいるわけだ、自分なりの。候補がいる中でやっていったら、やっぱり市原社長が一番人格的に好かれているということでした。
私はいつも言っているんだけど、**能力で選んじゃだめ**です、人格で選ばないと。だから、今市原の下でみんな能力のある者がついていってますよ。能力があって人格のない人に付けちゃうと、派閥ができたり、人が付かなくなる。

なのでやっぱり**人柄が優先**。市原は能力、一番ではないけれども、あるんですよ。今見ててもそう思います。彼には彼の良さがあるんですが、やっぱり実行力などを考えると、もっとそういう人はいたわけです。

私と同じようなタイプもいるわけです。ですが、そうではいけないと彼にしました。今は本当に良かったなと思います。足りない部分は随分ありますけど。昨日も大ゲンカじゃないけど、随分やりました。「君たちには革新が足りないんじゃないか！」と、そういう事を言いました。

ですが、最後には「君が決めろ」と私は言うので、それで彼の判断に従っています。なので、人格のある人をまず選んでいかないと難しいと私は思います。会社の規模にもよりますけど。だから、社長は人格者でないと、やっぱりだめです。

能力があるではなく、人格者をまず選ばないと人はついてこない。絶対そうです。あと、理念を大切にする。先ほど言ったように市原社長は常に理念の唱和の冒頭をしゃべるのは、やっぱりすごいなと思いますよ。

それをいろんな会議のときに、彼が率先して「理念の唱和をします」とやるのです。Zoom の役員会でも彼が冒頭で。朝礼は司会者がいるので違いますが、そんな形で理念を大切にしてくれるということ。それから私が彼にお願いしたのは、この理念を大切にすること。

ただし、**何十年も同じでいいとは思わない**。ただ、「明るく・楽しく・元気・前向き」は取ってほしくないと思いますが、あとは時代とともに変わってもいいかなと思います。それから、TOYOTAと同じでTOMAのT・O・M・Aはなんとか維持してほしいとは思っていますね。

そういう意味では私はそうやって譲っていく。TOYOTAは5回ぐらい社長を別の人に譲って今大政を。あれ、大政奉還といっても豊田家の人は1%も株持ってないんですね。そういうことがあってもいいかなと。

私のひ孫やひいひい孫ぐらいがTOMAにもしかして縁があって入って、それでみんなが認めてくれるのならそれもいいかなと思うし。必ずではなくて、いつかそういうのがあればいいな程度です。みんなの会社にしたんですから、そう思います。

釣部：「後継者を一緒に探します」というキャッチコピーを出されてますよね。今みたいな体験をお客様の会社に合わせてこういう経営体制をつくったらどうですか、後継者はこうやって見つけたらと。

藤間：そうです。まずやっぱり**理念・ビジョンを確立・浸透させる**。それから**経営チームをつくる**。それから**後継者を探す、または、いたら育てる**ということね。これをしなきゃだめです。やっぱり後継者を厳しく育てなければいけない。

最近の経営者は子どもに保証人させたくないからと、甘いんですよ。保証人って相続しなければいけないんです、子どもの場合。子ども以外の人なら、それはそれでいいけども、子どもにやるなら子どもは相続か放棄しかないんです。

そんな甘いことやっていてはだめ。**早く社長にして、社長のトレーニングを会長が元気なうちにする**ということです。だから、私はずっと会長をやっているわけではなくて、どこかで代表権をとります。そのときに退職金をまた別でいろいろもらいます。

やっぱりある程度後継者が育つまでは、社長のお目付け役として見ていく必要があるし。ただし、社長がやっていることを邪魔しちゃいけない。新しいことをやるとき「だめだ！」と言っちゃいけない。応援団じゃなきゃいけないと思うんです。

だから、役員が2人入ることも、「いいね、いいね！」と言うし、それからこのあいだもまだ言えないんですが、あることをやる時に「いいね、いいね！」と言って、新しいことは常にいいね、いいねでストップさせていません。

トライしないとね。**TOMAはトライの連続**で、過去計算をしてみると13勝10敗7引き分けになります。13勝は例えば人事労務つくったり、事業継承、ヘルスケアつくったり、そういうのが13勝です。10敗はM&Aの会社を20年ぐらい前に早くつくって失敗したり、節税クラブだとかいろんな会社をつくり、バチバチ**失敗をしているわけです**。詐欺にあったこともありますし…。

それから7引き分けというのは、トライしたけど成果が出てないというのがあって、それは今の社長に重荷になっているのかもしれませんが、そんなのがあって。やっぱり**トライをしないと成功はない**わけです。

たぶん、ジョブズさんだってみんな失敗をして、それで成功しているので、失敗しないで成功しようなんて思うと、人生全く無理だと思う。失敗を重ねながらその時々でやめる、別の方向へ行く？それからちょっと改良する？そういうことが重要で、特にこのコロナ後の時代、何か時代が変わりますよね。

Zoomだとか、それからテレワークだとか、IT化だとか、RPA（ロボティック・プロセス・オートメーション。定型作業のデスクワークを、パソコンの中にあるソフトウェア型のロボットが代行・自動化する）いろんなことですよね。だから、今の私のような60代の後半の人間には分からないはずなんです。この分からないところで社長をしてたら絶対にだめで、やっぱり若い人を上げて、そして会長になって、そして二人で**分かんない部分をお互いに補完しながらやっていかないと**だめですよね。

テレワークというと、バリバリ働いてた私からすると、何で家で仕事するの？みたいな話になるわけです。そういう意味では残業もそうです。昔、残業している社員におやつを配っていたんです。

そうしたら、会長やめてくれというわけ。残業している人の残業促進になるから、それはやめてくれというわけです。やっぱり時代が変わっている。これについていけない。こないだある証券会社の社長が65歳だけど、「私は変化についていけない」ということを言ってましたね。

やっぱり時代のこの変化についていけなかったら、早く譲って次の社長を育てないと間に合わない。コロナ後、本当に時代が変わりますよ。コロナ後の時代、必ずブワーっと出る人がいますよ。それからこのコロナの最中、飲食店でも売上げが8割とか、9割の飲食店あるんだよ。あまり下がっていない会社もあります。

やっぱり工夫なんです。通販やったり、それからUberEatsやったり、テイクアウトやったり、いろんなことをやって。これからはたぶん売り方も多様化していかないといけない。海外にもたぶんこれからもっと出ていくと思うし、Zoomがいつか必ず自動通訳になる。こうなったときには、世界に日本はもっと出られると私は思うので、早く自動翻訳機になってほしいと思うんです。

3、社員みんながワクワクしながら、業界ナンバーワンを目指す

坂本：本当に素晴らしいお話だと思いました。理念とかビジョンとか経営チームというところ、聴かせていただいて本当に学びになると思いましたし、これからの経営者の人にとってもすごく大事だというのを改めて感じました。

最後に今後のＴＯＭＡコンサルタンツグループとして藤間会長が考えているビジョンのところ、日本一多く今月から１００年企業をつくるというところ、ぜひお聞かせください。

藤間：ＴＯＭＡは10年後のビジョン Shift Vision 2029 を昨年つくったんですよ。シフトチームというプロジェクトもありまして、この10年後こうなりたいという絵がありまして、これを今度の役員になった人間が、去年も今もやっているんですが、この**シフトチームでみんなから意見を吸い上げながらＴＯＭＡも変わっていこう。**

この中には SDGs も入れようという話もできているし、そういう意味では10年後というのは、彼らが実際にやりたいことというのを考えています。実はそれで私は今の社長と「沖縄ビジョンセミナー」という日創研がやっているのに出て、沖縄で１週間10年後の会社を語るということで、私もつくったし、彼もつくったし、それ合わせながら10年後こうなりたいというものをつくり、それを社員に発表したりしているんです。今年はコロナで研修はなくなっちゃったんですが、今年の参加で私は、最後のつもりでした。10年後というのは**社員がみんなワクワク生き生きと働けるような環境をつくり、それでそれぞれの部隊がその業界でナンバーワンになり、それでみんなが生き生きとやるような環境をつくる**というふうに今なっています。

で、オフィスの場所の問題も今３分の１はテレワークで働いているんです。この空いている場所をどう使うか。出ていけないんです、うち。出ていくと内部の改装費とかで1億ぐらいかかると。なので、出られないんです。

そういう意味では出られないので、この働いているスペースをこれからどう使っていくかというのも、ひとつ面白いかなと自分で思っているんですよ。だからセミナーも来場型のセミナーばかりではなく、Zoom のセミナーもこれからどんどんやっていこうというのもあるし。


それから今までは地方のお客様は攻めなかったけど、Zoom 顧問で地方のお客さんもどんどん取っていこうということで、今いる税理士さんのとこで、顧問契約はそのままに、セカンドオピニオンとして、情報が豊かな専門家の意見を聞きたいお客様のニーズがいっぱいあるので、Zoom 顧問みたいなものをこれからやって、地方のお客さまとZoomでつながる、ことをしていきたいです。

東京に出てきたときは会いますとか、そういうことをするような形になっていきたいと思うのと、何回も言うように社員がＴＯＭＡにいるとワクワクして、いろんなものやりたいぞと、**やりたいことを応援してあげるようなそういう会社になりたい**。あとは、社員が田舎にUターンするなんて場合も、今でも何人かいるんですが、その地方に住みながら、リモートワークで東京から仕事を頼んだりしているので、地方にいろんな支店をつくり、**お互いに切磋琢磨できるような関係ができたらいい**なと思っています。

釣部：始めにお聴きした、おじいさまの想いを今まさに実現されていますよね。

藤間：はい。嬉しいです。

釣部：おじいさまも本当に喜んで。

藤間：祖父には私は会ったことはないけれど、本当に喜んでくれているのではないかと思う。ただ、まだまだ各部それぞれがナンバーワンになってないので、それぞれがナンバーワンになることをしていかないと、まだまだだと思っています。

ですから、10年後は各部が**それぞれの業界でのナンバーワンになる**というのが我々の目標だと思います。あとは社員がやりたいことをいろいろチャレンジするのがいいかなと思っています。

100年企業を作るならTOMAにおまかせ!
100年企業創りHP
藤間秋男のオフィシャルサイト。後継者問題を解決します。社長が抱える事業承継の悩み・困りごとを一緒に解決!
藤間秋男YouTube
皆さんの会社を今日から100年企業にするために役立つ情報を発信
藤間秋男Facebook
セミナー情報や、心に留めておきたい著名人の名言、プライベートで感銘をうけた出来事をご紹介
藤間秋男書籍一覧
永続企業の創り方10ヶ条
100億円企業より、100年企業に学べ!企業を永続させることが、社員、社員の家族、お客様、取引先、そしてあなたを幸せにします。この10ヶ条を実践して、100年企業を目指しましょう。
中小企業のための成功する事業承継
経営は良好であっても、承継に失敗する会社は、あとを絶たない。「100年企業」を創る鍵がここにある!譲る者・継ぐ者・関わる者の心得88
どんな危機にも打ち勝つ100年企業の法則
老舗企業に学ぶ「儲かる仕組み・人をつくる仕組み」
企業30年寿命説をくつがえす、絶対ブレない経営の極意がここにある!
Toma
輝く未来の、お手伝い。
TOMA100年企業創りコンサルタンツ株式会社
〒100-0005
東京都千代田区丸の内1-8-3 丸の内トラストタワー本館3階
グループ会社一覧
TOMAコンサルタンツグループ株式会社
TOMA税理士法人
TOMA社会保険労務士法人
TOMA公認会計士共同事務所
TOMA行政書士法人
藤間司法書士法人
TOMAアセットコンサルタンツ株式会社
TOMA財務コンサルタンツ株式会社
TOMAシステムコンサルタンツ株式会社
TOMAファイナンシャルアドバイザリー株式会社
TOMA人事コンサルタンツ株式会社
TOMA事業承継コンサルタンツ株式会社
TOMA医療コンサルタンツ株式会社
代表取締役
藤間 秋男
マンガ制作：ad-manga.com

坂本憲彦から読者のあなたへ
無料プレゼント！

フジサンケイ ビジネスアイ後援

「はじめての起業」無料講座

本書を読んでくださった方に、坂本憲彦から読者のあなたへ無料プレゼントがあります。あなたの起業や経営を成功させる最新のノウハウを坂本憲彦が限定公開の動画で解説しています。下記のQRコードからご登録いただければ、すぐにご覧いただくことができます。

【藤間秋男プロフィール】
TOMA100年企業創りコンサルタンツ株式会社 代表取締役社長
公認会計士／税理士／中小企業診断士／行政書士／賃貸不動産経営管理士／AFP／登録政治資金監査人／M＆Ａシニアエキスパート／感動経営コンサルタント
1976年 公認会計士２次試験合格、大手監査法人勤務
1982年 藤間公認会計士税理士事務所 開設（現・TOMA税理士法人）
2017年 TOMAコンサルタンツグループ株式会社 代表取締役会長
2018年 TOMA100年企業創りコンサルタンツ株式会社 設立

【坂本憲彦プロフィール】
一般財団法人 立志財団 理事長。1975年生まれ。和歌山県出身。2000年に西日本シティ銀行に入行。6年間、法人・個人向け融資や営業を担当する。30歳で独立し、ビジネススクール、速読講座、飲食店などを立ち上げ年商5億円まで成長させる。20年以上にわたり、1万人以上の起業家の指導をしている。書籍『6つの不安がなくなればあなたの起業は絶対成功する』は1.1万部のベストセラーとなる。

今日からはじめる！１００年企業創り
ゼロから２００名の専門家集団を作り上げた
総合経営コンルティング会社の創業者「藤間秋男」が語る！

2020年11月23日　第1刷発行
著　者　藤間秋男、坂本憲彦
編　集　万代宝書房
発行者　釣部人裕
発行所　万代宝書房
〒176-0012　東京都練馬区豊玉北5丁目24-15-1003
電話 080-3916-9383　FAX 03-6914-5474
ホームページ：http://bandaiho.com/
メール：info@bandaiho.com

印刷・製本　小野高速印刷株式会社
落丁本・乱丁本は小社でお取替え致します。

ISBN　978-4-910064-29-1　C0036
装丁・デザイン／小林　由香

万代宝書房について

みなさんのお仕事・志など、未常識だけど世の中にとって良いもの（こと）はたくさんあります。社会に広く知られるべきことはたくさんあります。社会に残さなくてはいけない思い・実績があります！　それを出版という形で国会図書館に残します！

「万代宝書房」は、**『人生は宝』、その宝を『人類の宝』まで高め、歴史に残しませんか？**」をキャッチにジャーナリスト釣部人裕が二〇一九年七月に設立した出版社です。

「実語教」（平安時代末期から明治初期にかけて普及していた庶民のための教訓を中心とした初等教科書。江戸時代には寺子屋で使われていたそうです）という千年もの間、読み継がれた道徳の教科書に『富は一生の宝、知恵は万代の宝』という節があり、「お金はその人の一生を豊かにするだけだが、知恵は何世代にも引き継がれ多くの人の共通の宝となる」いう意味からいただきました。

誕生間がない若い出版社ですので、アマゾンと自社サイトでの販売を基本としています。多くの読者と著者の共感をと支援を心よりお願いいたします。

二〇一九年七月八日

万代宝書房